HOJE NÃO SAIO DAQUI

Cia Marginal e Jô Bilac

HOJE NÃO SAIO DAQUI

Cia Marginal
Geandra Nobre
Isabel Penoni
Jaqueline Andrade
Mariluci Nascimento
Phellipe Azevedo
Priscilla Monteiro
Rodrigo Maré
Wallace Lino

COLEÇÃO DRAMATURGIA

Cobogó

SUMÁRIO

Cia Marginal e a luta pela vida, por Renata Souza   7

HOJE NÃO SAIO DAQUI   11

Cia Marginal e a luta pela vida

A Cia Marginal, em todos os seus espetáculos, traz à luz um olhar crítico, ao mesmo tempo cúmplice e afetivo, sobre a favela. Não perco nenhuma das suas produções e sempre me surpreendo com a forma dinâmica que revela sonhos, incertezas, dor e amor. Não poderia ser diferente, já que se inspiram em histórias reais de personagens complexos, contraditoriamente amados e/ou odiados. É a favela sendo intimada a olhar para si, como o reflexo no espelho quebrado pela falta de políticas públicas que superem as desigualdades sociais.

A capacidade de pesquisa e ação da Cia Marginal feitas antes da montagem das tramas revela a busca por uma cena singular e o cuidado com a recepção, que não se esgota na favela. São espetáculos ousados que deslocam nossas expectativas, e isso acontece porque respeitam a história de cada um de seus atores e produtores, com suas trajetórias específicas enquanto jovens, negros, LGBTs... marginais. Muitas vezes, após os espetáculos, fiquei sem voz, sem ar, um choro incontrolável, porque me vi naquele palco, vi meus pais, meus vizinhos, minha realidade.

A penúltima grande produção da Cia, *Eles não usam tênis naique*, mexeu com a maneira de se fazer releituras teatrais. Levou o grupo além-mar, chegando às cidades do Porto e de Lisboa, em Portugal. Um primor que remonta a uma crise existencial de personagens afetados por uma política de segurança pública cruel diante dos ciclos de violência e da falta de oportunidades. Finalmente, a produção mais recente, *Hoje não saio daqui*, traz o grupo de volta para casa. O trabalho conecta Brasil e Angola, resgatando a raiz ancestral afro-brasileira presente na favela, através de histórias de personagens-alter ego de favelados e angolanos, em cenas do cotidiano partido pelo racismo estrutural.

A ambientação de estreia de *Hoje não saio daqui* foi feita no único espaço verde da Maré, o Parque Ecológico, conhecido como "Mata". A narrativa apresenta a África que existe na favela, em especial a comunidade angolana erradicada na Maré durante a guerra civil que ocorreu em Angola entre 1975 e 2002, engrossando seus fluxos migratórios. A Maré foi por muito tempo o principal lugar de acolhimento dos angolanos refugiados da guerra no Brasil, os quais trouxeram para o território da favela a memória viva de nossos ancestrais, reis e rainhas da Mãe África. Memórias que são narradas e atualizadas no espetáculo, resgatando a história do povo negro, apagada pela diáspora.

Em um percurso interativo, passando por diferentes pontos do Parque, o público é convidado a olhar para a cidade a partir da favela e, ao mesmo tempo, a ressignificar suas imagens e visões a partir de uma experiência de vida dentro da Maré. O sentido de futuro que o espetáculo constrói se dá não apenas pela força do (re)encontro entre os atores brasileiros e africanos do elenco, que reata elos perdidos, mas também pela presença e energia das crianças do entorno, que, ao brincarem na "Mata", tornam-se participantes ativas das cenas.

A potência de cada peça da Cia Marginal é forjada no seu comprometimento com os debates políticos, especialmente aqueles estimulados pelas representações sobre as desigualdades de gênero, raça e classe. O grupo nos convoca para a luta pela vida, contra as desigualdades sociais, para que a humanidade não se desumanize.

Eu topei, e você?

Renata Souza
Jornalista e deputada estadual do Rio de Janeiro pelo PSOL

HOJE NÃO SAIO DAQUI

de **Cia Marginal** e **Jô Bilac**

Esta dramaturgia foi construída pela Cia Marginal em parceria com Jô Bilac no processo colaborativo de criação do espetáculo *Hoje não saio daqui*, que estreou em dezembro de 2019, no Parque Ecológico da Maré, no Rio de Janeiro, com apoio do Itaú Cultural.

Criação
Elmer Peres, Geandra Nobre, Isabel Penoni, Jaqueline Andrade, Maria Tussevo, Nizaj, Phellipe Azevedo, Priscilla Monteiro, Rodrigo Maré, Ruth Mariana, Vanu Rodrigues, Wallace Lino

Elenco
Elmer Peres, Geandra Nobre, Jaqueline Andrade, Maria Tussevo, Nizaj, Phellipe Azevedo, Priscilla Monteiro, Rodrigo Maré, Ruth Mariana, Vanu Rodrigues, Wallace Lino, Zola Star

Direção
Isabel Penoni

Dramaturgia
Cia Marginal e Jô Bilac

Direção musical
Zola Star e Rodrigo Maré

Músicas
Nizaj, Ruth Mariana e Zola Star

Beats funk e kuduro
Gabriel Marinho

Direção de movimento
Cristina Moura

Arte
Thiago Marques, Renata Otomura, Lucas Osorio, Junior Fonseca, Rafael Afonso, Cilmar Rosário (Coletivo de Arte)

Figurino
Maria Chantal

Design gráfico
Felipe Nunes

Foto e vídeo
Jv Santos, Jonas Rosa, Thais Alvarenga, Leo Lima,
Jéferson Vasconcelos e Paulo Barros (Cafuné na laje)

Direção de produção
Mariluci Nascimento

Produção executiva
Wellington de Oliveira

Assistente de direção
Desirée Santos

Assistente de produção
Aza NoAr

Técnico de som
Diogo Nascimento

Costureira
Sabrina Feliz

Oficina de site specific
Gustavo Ciríaco

Consultoria de pesquisa
Miriane Peregrino

Alimentação
Bar da Lica

Cerveja artesanal
Roça Rio

A ação se passa em um parque verde de uma cidade cinza. O público não apenas observa, mas participa da ação que é interativa e itinerante, e por isso será chamado de "público-participante". O percurso do espetáculo é também o mapa de um jogo para crianças.

ATORES/PERSONAGENS

ELMER: Príncipe angolano, fruto da paixão entre um rastafári aventureiro e uma moça prendada.

GEANDRA: Mulher-maravilha da tribo dos Caetés, cria da Maré.

JAQUELINE: Rainha carnuda, sapatão futurista. A Mata é seu reinado, a favela é seu legado.

MARIA: Princesa angolana de longas tranças, dinastia da rainha Nzinga, 15 gerações entre uma e outra.

NIZAJ: Nobre poeta angolano, abre caminhos com flechas de açúcar.

PH: Guerreiro cibernético, forte pela própria natureza, que não desiste, porra!

PRISCILLA: Doce princesa, filha de Oxum. Antes, tudo era só água.

RODRIGO: Maestro, elegante clow, sobrenome Maré.

RUTH: Rainha guerreira de Angola, muitas vidas já viveu, mulher negra se protege.

VANU: Sacerdotisa angolana, cabelos de serpentes, decifra e te devora. Provocação política e irreverência afetiva.

WALLACE: A bicha mais bonita da Maré. Toda natural, nobreza e deboche.

PARTICIPAÇÕES ESPECIAIS

ISABEL: Loira do carrão, macumbeira sapatão. A cena da personagem é justamente sobre os nós e sobre nós.

ZOLA STAR: Ancestralidade de Angola. Tocando guitarra é força de muitas esferas. As cenas em que participa são a sobreposição de todas elas.

CRIANÇAS MORADORAS VIZINHAS DO PARQUE: Erezada!

Cena 1: Barriga

Cena 2: Rainha

Cena 3: Jardim das ervas

Cena 4: Tempo da água

Cena 5: Turismo de favela

Cena 6: Jogo do "quem já"

Cena 7: Africafrica

Cena 8: Batalha

Cena 9: Como não esquecer o que aprendo em casa?

Cena 10: Arpoador

4 ■
tempo da água

5 ■
turismo de favela

6 ■
jogo do "quem já"

associação
de moradores

via B9

linha vermelha

morro do timbau

10 arpoador

8 batalha

3 jardim das ervas

2 rainha

7 africafrica

1 barriga

9 como não esquecer o que aprendo em casa?

UFRJ

UFRJ

via B9

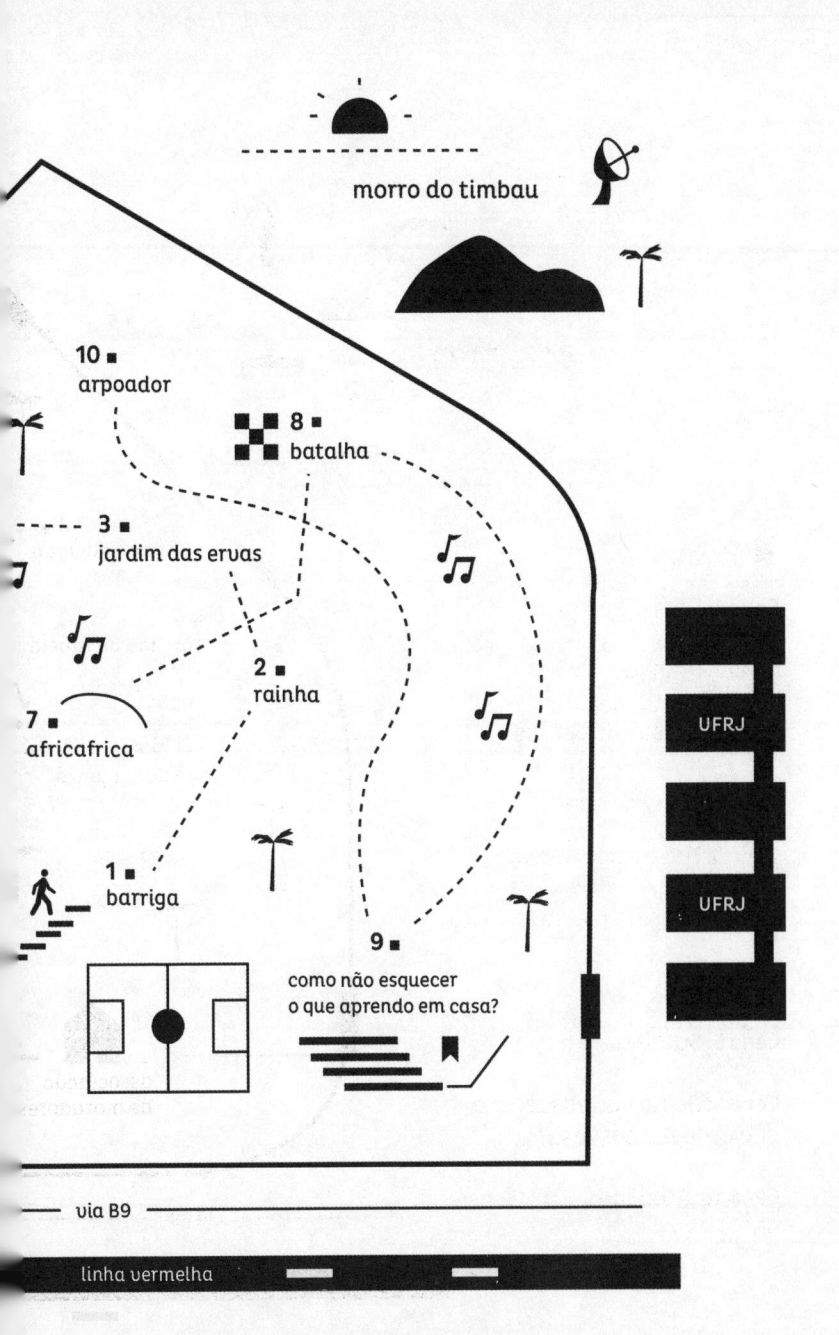

linha vermelha

Movimento I – Memória D'água

CENA 1: BARRIGA

O mensageiro das encruzilhadas atravessa o público-participante fumando um cigarro e canta.

NIZAJ: Hoje os poetas são heróis
Mudam vidas com suas palavras
Agora o meu povo vai ter voz
E não esconderão nossas palavras[1]

Junta-se a seu irmão, que guia os participantes para dentro do parque. Em meio às árvores, veem-se vultos. Sons estranhos ecoam ao redor.

INSTRUÇÃO 1 PARA A EREZADA:
Escolher um dos atores que se encontra fora de cena e, com ele, formar um bonde para se esconder entre as árvores e assustar o público-participante.

---

[1] Trecho de música de autoria do rapper Nizaj.

ELMER: [*guiando o público*]
Um ponto encontra outro ponto: assim começa um aqui.

De onde vem você aqui? Vosso aqui?

Meu aqui vem do encontro de um ponto: uma jovem prendada.

Com outro ponto: um rastafári aventureiro.

A família dela não gostava dele.

Era um amor proibido.

Fizeram as malas pra fugir pro Brasil amanhã cedo.

Mas na despedida de Luanda fez uma noite muito quente, a mais quente do mundo, nunca se viu mais quente, e eles estavam muito à flor da pele, a flor da pele é de maracujá, fruto da paixão do rastafári aventureiro e da jovem prendada.

Dessa noite quente em Luanda vem "meu aqui".

Meu primeiro "onde", minha primeira casa, um palácio, bem grande, inclusive. Quentinha, macia, parecia que ela toda era uma cama morna. Uma barriga.

Fui virando um ponto, um corpo, umbigo ligado por um cordão de carne na jovem prendada.

E coisas que eu antes não tinha começaram a brotar: membros, órgãos, feto, afeto, alma d'água.

Fui crescendo e a casa foi ficando menor. Eu quase não cabia mais na casa, até que ela estourou. Eu tsunami, corrente de Benguela, onda imensa atravessando o Atlântico numa enorme Maré, Vila do Pinheiro, Rio de Janeiro, nasci brasileiro, guerreiro.

Por isso me foi dado o nome Elmer: "Famoso pela guerra." Minha mãe sempre disse que eu fui um guerreiro porque nasci em casa. Elmer: "Aquele que nasceu em casa." Vosso território é rico; vossa nação é forte. Usai estes vossos créditos para favorecer a paz e o entendimento entre os povos. Dê os teus ouvidos: ouça. Palavras são ditas. Dá o teu coração: para interpretá-las.

No parque, o público-participante é cercado por uma amazona negra alucinante em sua bicicleta. Ao fundo, primeira aparição do rolezinho da favela, que de longe observa os participantes e deles debocha.

INSTRUÇÃO 2 PARA A EREZADA:
Dar um rolê com os atores que não participam do primeiro plano da cena até ficar de frente para o público-participante, parar e rir dele.

CENA 2: RAINHA

Uma rainha emerge da terra, entre as raízes das árvores, e solta o verbo. O rolezinho ressurge criando imagens animadas da sua epopeia.

INSTRUÇÃO 3 PARA A EREZADA:
Seguir com o rolezinho, repetindo o que os atores que o integram fazem em cada quadro da epopeia cantada.

RUTH: *Kombo na ngai Nzinga Mbandi*, meu nome é Nzinga Mbandi!

(Refrão – só Ruth)

> *Eu sou Nzinga Mbandi eee*
> *Eu sou Bakongo eee*
> *Kombo na ngai Nzinga eee*
> *Na botama na soyo eee*[2]

Eu sou Nzinga Mbandi
De uma longa dinastia
Minha casa era bonita
Mas pela guerra foi destruída

Muitas voltas o mundo deu
Hoje posso andar a pé
Vivo agora no Brasil
No Complexo da Maré

(Refrão – todos)

> *Eu sou da Maré eee*
> *Viemos do mangue eee*
> *Da palafita eee*
> *Cria de favela eee*

Sou filha da Christina
Que antes não se alegrava
Tentava, tentava
Infeliz, não engravidava

Da minha ancestral
Minha avó trouxe a cura
Vim ao mundo num trovão
Meu nome é tradição

---

[2] *Kombo na ngai Nzinga eee* [Meu nome é Nzinga]/ *Na botama na soyo eee* [Nasci no Soyo].

Mulher negra se protege
A família é nossa terra
Para transformar em paz
O que um dia já foi guerra

Como herdeira da rainha
Luto pelo meu povo
Eu vivo pelo que acredito
Por isso Nzinga de novo

(Refrão – só Ruth)

Eu sou Nzinga Mbandi eee
Eu sou Bakongo eee
Kombo na ngai Nzinga eee
Na botama na soyo eee

Enquanto a guerra acontecia
Corremos pra floresta
Dormimos até no chão
Veio a primeira menstruação

Achei uma tribo
Mas minha irmã se perdeu
Comecei a cantar
A tribo me acolheu

Até Angola naveguei
Depois de sonhar, acordei
Num casamento forçado
Um presente foi me dado

Vendi o presente
Fugi do passado
Mudança e transformação
Nada é permanente
Meu futuro a Deus pertence
Porque todas as coisas terrenas são evanescentes

(Refrão – só Ruth)

> *Eu sou Nzinga Mbandi eee*
> *Eu sou Bakongo eee*
> *Kombo na ngai Nzinga eee*
> *Na botama na soyo eee*

> Muitas voltas até aqui
> Tantas vidas já vivi
> Na Maré eu remo agora
> Essa é minha família
> Meus amigos
> Minha história

(Refrão – todos)

> *Sou da Maré eee*
> *Viemos do mangue eee*
> *Da palafita eee*
> *Cria de favela eee*

CENA 3: JARDIM DAS ERVAS

RUTH: Conselhos de um Baobá:
Lembre-se de suas raízes
Ofereça sombra para as visitas
Esteja forte para estações desfavoráveis
Floresça
Frutifique
Ah... aprecie a vista!

Jaqueline recebe o público, poética entre pessoas e plantas.

JAQUELINE: Para as pessoas, liberdade é limite.
Para as plantas, liberdade é expansão.

Para as pessoas, espaço é território.
Para as plantas, espaço é com-vivência.
Para as pessoas, diversidade é conceito.
Para as plantas, condição.
Para as pessoas, lucro é extração.
Para as plantas, lucro é polinização.
Para as pessoas, poder é dominação.
Para as plantas, resistência.
As pessoas têm ego.
As plantas têm clorofila.
As pessoas precisam de dinheiro.
As plantas precisam de luz solar.
As pessoas nascem, crescem, desenvolvem-se, murcham e morrem.
As plantas também.
Tem pessoas parasitas, plantas parasitas.
Pessoas que parecem plantas.
Plantas que parecem pessoas.
Limo. Rochas. Matas. Oceanos. Cachoeiras. Silêncio mineral. Para as plantas, não é a mudez, censura da fala. Ela é escuta serena, pra discernir com instinto o que te cura e o que te mata.

Esta Mata é minha, é nossa. Ela é o pulmão da Maré. Guardem o lixo que produzirem e catem o que encontrarem pelo chão. Tá permitido.
Esta Mata é minha, é nossa, e pode ser de vocês também.

No meio do jardim das ervas, Ruth encanta uma planta enquanto Zola dedilha sua guitarra mágica.

RUTH: Conhece essa aqui? [*mostrando uma planta pequenina*]
Vem perto... Vê?

Parece uma rendinha, né? Bem brasileira, mas vem da África, como eu.

Meu nome também podia ser "quebra-pedra". É o nome dela.

Tá vendo aqui? Quebrando pedra, buscando o sol. Ninguém segura.

Vê: essa quebra-pedra previne pedras nos rins, ajuda a emagrecer, melhora prisão de ventre, é relaxante muscular e controla a diabetes. Olha aí, desse tamaninho. Eu aqui. Você aí. A gente é planta dura. Como se diz: tanto bate até que fura.

Essa outra se chama *lumba lumba*, ela cura qualquer enfermidade.

Ali é aloe vera, muito boa, serve pra limpeza da região íntima das meninas e também como creme corporal. Você pode fazer uma mistura de bicarbonato, batata, deixar dois dias na geladeira e depois pingar duas gotas de limão, é ótimo para quem quer eliminar manchas na pele.

Tá vendo essa? Folha de aipim pra fazer a *kizaka*,[3] e serve também como remédio pra curar quem sofre com sangramento no nariz. Você pega a folha e mói na sua mão, o líquido verde que sai você coloca no nariz e fim do sangramento.

Capim-limão é para tratar febre, resfriado e zika. Lá em Angola as mães esquentam uma panela grande com bastante capim-limão e cobrem as crianças com um pano. Elas respiram aquele vapor e ficam curadas.

Tudo vem da terra. Não existe eu e a natureza: EU SOU NATUREZA.

Tá sentindo a terra?

---

[3] Prato típico da culinária angolana, feito com a folha da mandioca.

Pega na mão.
Tá sentindo?
É vossa.
E vós sois dela.
Voz dela. Tá ouvindo?

Uma batucada ao longe, uma dança de guerra.

CENA 4: TEMPO DA ÁGUA

Os atores oferecem água ao público-participante enquanto tomam para si alguns de seus objetos pessoais, óculos, bolsas, lenços, chapéus. Ao fim, um dos participantes é levado e despido. Começa a festa na laje.

INSTRUÇÃO 4 PARA A EREZADA:
Escolher um instrumento e integrar a banda comandada pelo maestro Rodrigo.

GEANDRA: No calor, só cerveja!
Essa aqui é luxo e riqueza, meu amor!
É minha, tô te dando, pega, peste!
O nome é Caetés, da cerveja. É o nome também de uma praça, de uma rua e de uma igreja aqui na Maré... Engraçado ser nome de igreja porque foi a tribo dos índios Caetés que comeu o bispo Sardinha... Sabe dessa história, né? O bispo veio catequizar os "selvagens", e os Caetés se admiraram tanto com a inteligência dele, que resolveram o quê? Comer o

otário do bispo. Porque na tribo deles, o ato de canibalismo é uma forma de antropofagia da sabedoria do outro. Comer o outro pra pegar o saber dele. Na verdade, nem sei se essa história aconteceu ou se foi inventada pra dizimar os Caetés, mas eu gosto de pensar que eles fizeram churrasquinho do bispo! E que não é por acaso que a rua, a praça, a igreja e a minha cerveja carregam o nome dessa tribo! Quer provar? Eu tô aí dentro, é só me beber! Na minha mão é mais barato!!

Na laje.

TODOS: [*cantam*]
Vem, vem, vem, vem
Vem sentir o calor dos lábios meus à procura dos teus.[4]

GEANDRA: A vista mais bonita da favela é esta aqui, a da minha casa.

WALLACE: Onde fica o Centro?

JAQUELINE: Uma dica, o Balança Mas Não Cai!

VANU: Desculpa, mas pra mim o Centro é aquela caixa-d'água ali, tão vendo? Aquela ali azul. [*Vanussa ajuda o público a localizar a caixa-d'água*] Então, é a caixa-d'água em que eu e minhas irmãs tomamos banho. Meus pais não estavam em casa, tava um calor infernal e a gente se acabou na caixa-d'água. Mas tinha um porém,

---

[4] Trecho de "Carinhoso", composição de Pixinguinha, letra de João de Barro.

a bomba tava ligada e foi aquela molhadeira na laje. A água desceu pra cozinha, pra sala, pros quartos e continuou descendo pra rua, alagou a B1, a B3, a C4 e a C7. Quando minha mãe entrou em casa, ela ficou doida e gritou: "Quando vosso pai chegar vai vos agredir!"

GEANDRA: Tão vendo aquela outra caixa-d'água, a azul e branca? É a caixa-d'água da escola, eu também sempre entrava nela, mas não era pra brincar, não, eu fazia xixi dentro! Tu estudou ali! Tomou água de xixi! Mas não se preocupa, faz bem pra saúde, sério, joga no Google!

TODOS: [*cantam*] "Bebeu água de xereca, água de xereca, água de xereca aaa..."

PRISCILLA: Não sei se vocês sabem, mas isso aqui tudo já foi água um dia. O Pinheiros era água, a Vila do João era água, o Conjunto Esperança era água, a Baixa do Sapateiro: água!, o Parque União: água!, a Nova Holanda: água! Só dois pontos não eram, este aqui, o Morro dos Macacos, e aquele ali, o Morro do Timbau. Minha tia conta que naquele tempo das palafitas, quando chovia muito, a maré enchia, entrava nas casas, e os caranguejos iam bater na porta dela.

ELMER: Mas até hoje quando chove tudo vira água! Eu moro na última rua do Salsa, onde fica o valão que as pessoas chamam de Maré. Teve um ano-novo que choveu mais que o normal, a maré subiu tanto que a água da Vila se misturou com a água do valão. E eu, claro, saí pra brincar na chuva. Naquele dia, diferente dos caranguejos, quem bateu nas portas dos vizinhos fui eu.

WALLACE: Na minha família se acreditava que a primeira chuva do ano dava sorte. Chegou a chuva e minha mãe tinha me trancado em casa. Meu primo me ajudou a pular a janela e fomos brincar no Brizolão. Ao lado da quadra tinha umas calhas pluviais que viraram piscinas. Tiramos as tampas dos bueiros e ficamos tomando banho o dia todo, eu parecia a própria sereia.

NIZAJ: Minha mãe conta que o colégio dela ficava todo alagado quando chovia, de forma que os alunos ficavam ilhados no segundo andar. Num desses dias de chuva, eles encontraram uma sereia nadando perto de um bueiro. Mas você está a pensar que em Angola sereia é bonita assim? Tais enganado, sereia é bem feia, muito feia mesmo, bué!

JAQUELINE: Aqui a gente ouve uma história que não sei se é caô, se é verdade, mas teve um casamento babadeiro numa palafita da Maré, festão! Geral se divertindo, bebendo e dançando o "piri piri piri pipi riri"... e nessa hora a palafita desabou e todo mundo caiu na água... Na água, não, gente, caiu foi na merda mesmo! Mas merda dá sorte... o casal tá junto até hoje!

MARIA: Minha mãe conta uma história que também não sei se é lenda ou o quê, mas é de matriz africana. É a história da Kukululu, uma menina que tinha a pele desbotada e um pássaro que falava. Sempre que chovia, a mãe dela não deixava ela ir pra rua, dizia que era perigoso. Mas teve um dia que choveu bué e Kukululu escutou as crianças brincando na rua a chamarem "Kukululu, vem, Kukululu, vem", e ela com medo disse "Não quero", mas eles insistiram e falaram "Se você não vier, vamos te agredir". E então ela foi. Quando a chuva começou a lavar seu corpo, Kukululu viu que não era desbotada. Por detrás daquela pele pálida tinha uma pele preta. Quando sua mãe notou que Kukululu não estava em casa, perguntou ao pássaro: "Eh, Kukululu então tá onde?". E o pássaro respondeu: "Kukululu renasceu eee, renasceu eee, ela preta como euê, como euê!"

Movimento II – Muvuca

CENA 5: TURISMO DE FAVELA

Wallace acaba com a festa.

WALLACE: Vocês estão gostando? Aqui é bafo, amor, maravilhoso pra quem gosta de fazer turismo na favela! Não é pra isso que vocês vieram aqui? Como vive um favelado? O que come, como se reproduz? Eu sou sua fada madrinha e vou continuar realizando o desejo de vocês. Mas vamos expandir um pouquinho o nosso tour para ouvir um outro tipo de história. Porque nem tudo são flores, meusamô. Ali, por exemplo, é a quadra de futebol, famosa aqui! Mas só de olhar me dá um ranço, aquele bando de homem junto, deus me livre, quem me dera! Meu pai sempre me levava. Foi lá que me tornei heterofóbico. Eu perdi as contas de quantas vezes me mandavam falar igual homem. "Anda que nem homem." "Joga que nem homem." "Homem não chora, porra!" "Cai na mão se te chamarem de veado ou vai apanhar em casa!" Mas não posso negar, tinha uma parte boa, única coisa que salvava nessa porra era o churrasco, o pagode e a cerveja. Mona, eu só comia, dançava e catava a mala dos boys suada balangando nos shorts. Podem achar que é baixaria, mas é que sou vivida, amor, é diferente! Continuando: por ali, onde vocês podem ver, um close na via Presidente João Goulart. Sim, bebê, é o nome da Linha Vermelha. A nossa Red Line! Favelada é culta, viu, a gente sabe falar em inglês! A estreia da Linha Vermelha foi um babado. Teve show do Leandro e Leonardo. A cara da favela, né? Cara da favela, porra nenhuma! Com esse nome o show tinha que ser da Titica, mas parece que a mona nem pode entrar aqui.

VANU: É mesmo, a mona foi convidada pra cantar lá na esquina dos angolanos, mas tinha gente que dizia que ia lixar ela.

WALLACE: Imagina, veado, uma trans angolana lacrando o evento, salto 15, batendo cabelo no refrão:
[*os dois cantam trecho de música da Titica e batem cabelo fazendo a coreografia*]
Ye eh eh eh eh
A general encosta todas na parede!
Ye eh eh eh eh
As novinhas aqui todas pedem rede![5]

VANU: Se fosse ela, eu fazia a abusada e vinha!

WALLACE: Tá boa? Olha pra minha cara, mona. Vir pra ser morta? Tá cheio de ossada aqui, e aposto que a maioria é vítima de homofobia, não divulgam porque até no censo veado é indigente.

VANU: Mas vamos falar de coisa boa!

WALLACE: Top term, piroca, cu, boquete...

VANU: Não, princesa angolana [*deboche*]. Outras coisas boas, o povo tá derretendo de calor!

WALLACE: Suadinho é mais gostoso! Se entrega pro calor, bota a cara no sol, mona, bota a boca no trombone, porque agora é o momento das senhoras todas brilharem na passarela!!!

---

[5] Refrão da música "Giro de bicicleta", da cantora angolana Titica.

VANU: Vai! Solta a franga, dá sua pinta, no teatro a gente pode. Ainda!

> *INSTRUÇÃO 5 PARA A EREZADA:*
> *Dar pinta com Wallace na passarela, abrindo caminho para o público-participante; em seguida, sumir da vista de todos.*

CENA 6: JOGO DO "QUEM JÁ"

Do meio de uma passarela, o maestro Rodrigo sola numa bateria, enquanto Vanu aproxima o público-participante. Os dois começam a organizar um jogo.

> *INSTRUÇÃO 6 PARA A EREZADA:*
> *Nos bastidores, praticar jogo teatral proposto pelos atores que não participam da cena.*

VANU: Aproximem-se! Vamos fazer um jogo, o jogo do "quem já". Quem já fez aquilo que eu disser, faz o quê, Rodrigo?!

OS DOIS: [*cantam*] "Passa na passarela, passa na passarela!"

VANU: Você tem duas opções: pode entrar pelo lado do músico ou pelo lado da caixa sonora. Mas precisa dar uma pinta na passarela! E não pode ameaçar e recuar. Ameaçou, entrou! Combinado? Última regra: ritmo!

OS DOIS: [*cantam mais uma vez*] "Passa na passarela, passa na passarela!"

VANU: [*começa o jogo*] Quem já cagou no mato? "Passa na passarela, passa na passarela!" Quem já escalou a Pedra da Gávea? "Passa na passarela, passa na passarela!" Quem já ajudou os pais na obra? "Passa na passarela, passa na passarela!" Quem já tinha vindo à Maré antes? "Passa na passarela, passa na passarela!" Quem pensou duas vezes antes de vir pra este espetáculo? "Passa na passarela, passa na passarela!" Quem já guardou o celular ao ver uma pessoa preta na rua? "Passa na passarela, passa na passarela!" Quem já pediu para uma pessoa preta te trazer maconha no asfalto? "Passa na passarela, passa na passarela!" Quem já viu uma pessoa preta em um estabelecimento e achou que ela trabalhava lá? "Passa na passarela, passa na passarela!" Quem acha que bandido bom é bandido morto? "Passa na passarela, passa na passarela!" Quem já subiu a #ninguémsoltaamãodeninguém? "Passa na passarela, passa na passarela!" Quem, em algum momento, já pensou que a discussão sobre negritude pode estar dividindo a luta? "Passa na passarela, passa na passarela!" Quando um negro critica um branco é racismo reverso? "Passa na passarela, passa na passarela!" Quem acha que a escuta é importante para o enfrentamento do racismo? [*pede para todos ficarem no meio da passarela*]

RODRIGO: [*para de tocar e interroga alguns participantes*] O que é escuta para você? Você se escuta? [*todos escutam a resposta*]

VANU: [*interrompe e fala para um dos participantes*] Semana passada fui fazer compras num shopping do meu bairro. Eu estava com uma blusa estampada que sempre uso, com uma calça jeans clarinha, o meu tênis cinza com o N do lado e [*descreve algum objeto que a pessoa com quem fala da plateia esteja usando*]. Em algum momento recebi uma mensagem no celular e parei no meio do corredor do shopping para responder. Foi nesse momento que eu te notei. Não te olhei direito... mas vi que estava ali. Você começou a se aproximar e eu andei, estava apreensiva com a sua presença. Até que você chegou perto demais, e eu me assustei... eu senti medo... e corri... Desculpa, não sabia que você só queria me perguntar as horas... [*muda o tom sutilmente*] Quando você se afastou, eu fiquei sem chão... sem saber o que fazer... olhei ao redor e vi tudo embaçado... Corri pro banheiro e sentei ali, e chorei, chorei descontroladamente, depois senti vontade de vomitar. E aí tive muita... mas muita raiva... Você... me colocou num buraco, numa bolha, num vazio, me fez querer sumir, desaparecer...

RODRIGO: [*tentando reinstaurar o clima do jogo*] O clima pesou... Não liguem, é apenas um jogo... "Passa na passarela, passa na passarela!"

Vanu some em meio às árvores. Da floresta, o rolezinho da favela reaparece filmando os participantes com aparelhos celulares. Um casal de dançarinos se destaca, cortejo tribal do rolê.

INSTRUÇÃO 7 PARA A EREZADA:
Acompanhar o rolezinho, filmando o público com aparelhos celulares quebrados ou de brinquedo, ou, na falta deles, com as próprias mãos.

CENA 7: AFRICAFRICA

Num banco, os atores brasileiros e a diretora do espetáculo trocam de lugar sequencialmente, experimentando as diferentes identificações entre si. São eles: uma mulher branca, lésbica, classe média; um homem branco, hétero, favelado; uma mulher não branca, hétero, favelada; um homem negro, hétero, favelado; um homem negro, gay, favelado; uma mulher negra, hétero, favelada; e uma mulher negra, lésbica, favelada. Ao fim, entram os atores angolanos e saem os brasileiros. Os atores angolanos cantam acompanhados por Zola.

INSTRUÇÃO 8 PARA A EREZADA:
Organizar a área da plateia sem deixar que os participantes sentem no banco em que estão os atores.

ATORES ANGOLANOS: *Ayaye muane eee*
Ayaye muane eee
Mabuidie mame eee
Mabuidie mame eee

Africafrica, Africafrica
Africafrica motema na ngai yo
Africafrica bolinho na ngai
Africafrica, Africafrica

Ya banza banza Africa
Ya banza banza Africa
Kisalu mabe awa na africa
Kisalu mabe awa na africa
Nakosala nini yango pongai nabongisa ngo
Yawe yemoko moto akobongisa Africa Ha

Angola Africa do Sul
Africa oye
Congo Zimbabwe Cameroune
Gabon Kenia Nigeria

Manuela embuta Manuela
Embuta muntu
Nangula moko chérie katala dance
Somos do gueto!

Bana Africa Boyatosangana (4x)
Bina dance[6]

CENA 8: BATALHA

Os atores se dividem em dois grupos, os brasileiros e os angolanos, que duelam entre si munidos dos imaginários e das convicções que cada um deles possui em relação ao outro.

INSTRUÇÃO 9 PARA A EREZADA:
Posicionar-se ao lado dos brasileiros ou dos angolanos, e torcer para o seu grupo.

RUTH: [*para o público*] Antes de vir pro Brasil eu pensava que ia encontrar só brancos, prédios altos e a cidade limpa.

WALLACE: [*para Ruth*] Viu muito Manoel Carlos, né, meu amor?! [*para o público*] Eu já acho que quando chegar em Angola vai ter uma multidão de pretos retintos me esperando: "Seja bem-vindo, irmão."

---

[6] Canção "Amor pela África", de autoria do músico Zola Star. Tradução: A África é meu pai e minha mãe!/ A África é meu coração! A África é meu amor/ Eu penso muito na África!/ Mesmo com os problemas/ Eu penso o que posso fazer por ela?/ Só Deus pode mostrar o melhor caminho!/ Angola, África do Sul (Levante África)/ Congo, Zimbáue, Camarões (Levante África)/ Gabão, Quênia, Nigéria (Levante África)/ Nós africanos pensamos em nos unir!

ELMER: [*para Wallace*] Não quero tirar sua felicidade, mas lá você é branco.

WALLACE: [*para geral*] Não aceito.

NIZAJ: [*para geral*] No máximo, mulato.

WALLACE: [*para o grupo angolano*] Mulato aqui é filho da mula, em Angola é o quê?

RUTH: [*para o público*] Sinônimo de gente rica.

WALLACE: [*debocha, para o público*] Minha cara de rica, né, gente? Surfistinha Baixo Gávea! Diz aí!

PHELLIPE: [*para o público*] Imagino que a brincadeira das crianças em Angola é só dançar, né?, ninguém tem insta, zap, face. Só coreografias coletivas [*zomba imitando a dança*].

RODRIGO: [*para geral*] É por isso que todo mundo sabe tocar tambor! Treinado desde pequeno, já nasce batucando! Na escola, no bar, dobrou a esquina: geral! [*faz som de batucada*]

ELMER: [*para os brasileiros*] É como os brasileiros que aprendem futebol desde pequenos, são todos [*debocha*] "reis do futebol"!

NIZAJ: [*comenta*] Sete a um! Chora!

VANU: [*para todos*] Brasileiro gosta de chorar!

MARIA: [*para geral*] Chora com tudo. Flamengo fez golo: chora!

NIZAJ: [*chorando*] Porra, caralho... vai tomar no cu!

MARIA: Flamengo não fez golo: chora!

NIZAJ: [*chorando*] Porra, caralho... vai tomar no cu!

VANU: [*comenta*] Chora vendo novela, chora miséria na hora de pagar!

MARIA: Mas tá sempre na praia, né, mana?! Espairecer a mente... praia!

VANU: Fazer "reunião"... praia!

ELMER: E depois ficam a olhar o sole, aplaudindo! [*batem palmas*]

WALLACE: [*para o público*] Imagino que todo mundo em Angola só tem cabelo bafo! É muito black, muito dread, jumbo, twist, nagô, mas tudo comprado no Brasil. Abafa!

PRISCILLA: E tudo que eles usam é artesanal, feito por eles mesmos com o que caçam ou com o que encontram assim... na natureza.

RODRIGO: Olha essa folha, podia virar uma blusa fácil!

GEANDRA: [*para o público*] É porque lá todo mundo é filho de santo, faz pacto, mata galinha, lambuza sangue na cara! Religião com matriz africana é isso: vodu, candomblé, feitiçaria, mãe de santo 24 horas! Tudo macumbeiro! [*imita a pomba-gira*]

ELMER: Parece uma galinha! Galinha-d'angola!

VANU: Estranha.

VANU: [*para geral*] Vocês brasileiros gostam de tomar conta da vida dos outros, dos homens dos outros!!!

JAQUELINE: Nem gosto de homem!

MARIA: Mana, é tudo manga de dez: quenga!

NIZAJ: E o homem também, tudo quenga! Carnaval, homem pega homem, todo mundo pega todo mundo! Ninguém é de ninguém.

WALLACE: [*irônico*] Impressionante como a alegria alheia incomoda!

JAQUELINE: Mas eles também têm alegria de viver! Imagina lá na Angola, um sol danado e geral andando descalço pra sentir a terra! Coisa linda, gente!

GEANDRA: É verdade, o chão lá é todo de terra vermelha, não tem asfalto, nem degrau, nem escada rolante, muito menos elevador!

VANU: Então somos Homens-Aranhas!!?? Vocês gostam de nos confundir...

MARIA: Sim... gostam de trocar o nome das coisas.

RUTH: Fui no hospital e perguntei à senhora: Moça, essa aqui é a bicha? Ela me olhou de cara feia.

WALLACE: Homofóbica!

RUTH: Homofóbica por quê? Fila não é bicha?!

WALLACE: Fila é fila, bicha sou eu!

MARIA: Quem te colonizou?

WALLACE: E quem te colonizou?

MARIA: O mesmo que te colonizou!

WALLACE: Você fala africano!

MARIA: Português brasiliano!

MARIA E WALLACE: [*falando juntos*] Berimbau. Calango. Maculelê. Samba. Camundongo. Dendê. Moqueca. Quiabo. Bunda. Caçamba. Marimbondo. Caçula. Cafuné. Moleque. Capanga. Quitute. Muvuca. Quilombo. Quitanda. Senzala. Tanga. Fubá. Jabá. Ganzá. Zumbi. Kuduro. Titica!

Os atores brasileiros cantam trecho da música mais popular de Titica, "procura o brinco, procura o brinco...", e provocam os angolanos dançando kuduro. Os angolanos aceitam o desafio.

VANU: Kuduro é isso aqui!

Maria avança dançando kuduro.

WALLACE: Isso é kuduro? Aqui, maduro! [*bate na bunda de Rodrigo*]

Inicia-se uma batalha entre os dois grupos, que avançam uns contra os outros com passos e refrões de funk e kuduro. Ao fim, Jaqueline propõe uma trégua e convida Ruth para dançar com ela.

JAQUELINE: Vêm, manas, juntinho é mais gostoso!

RUTH: Tamo juntas!

Angolanos e brasileiros se juntam. Todos cantam e dançam o funk carioca "Grelinho de diamante".[7] Elmer sola em versão lingala.

INSTRUÇÃO 10 PARA A EREZADA:
Soltar a raba.

TODOS: Chupa tudo no talento
No pique do lambe-lambe

---

[7] Composição de MC Tchelinho e Baby Perigosa.

Bota tudo na boquinha
Meu grelinho de diamante

Vai, vai
Meu grelinho de diamante
Vai, vai
Meu grelinho de diamante

ELMER: *Fiba nioso na boyebi*
Na libolo na lolemu
Kotisa nioso na monoko
Na libolo na ngai ya diama

ai ai
Libolo ya diama
ai ai
Libolo ya diama[8]

Em seguida, Maria assume e puxa o kuduro "Hoje não saio daqui."[9] *Todos cantam e dançam, e convidam o público-participante a se juntar a eles.*

TODOS: Hoje não saio daqui
Hoje não saio daqui
Só saio amanhã de manhã
De manhã de manhã de manhã

Mas o quê?
O Tchatcharara
O tcha tcha tcha
O Tchatcharara
O tcha tcha tcha

---

[8] Tradução lingala do funk "Grelinho de diamante".
[9] Composição de Gang Machado.

Movimento III – Marémotor

CENA 9: COMO NÃO ESQUECER O QUE APRENDO EM CASA?

Maria, corifeu do cortejo, conduz o público até as ruínas de um anfiteatro.

MARIA: Dançar é esticar a alma além do corpo! Qual é a distância da alma para o corpo? E quando dançamos juntos? Qual a distância de uma alma pra outra? Qual a distância entre nós?

JAQUELINE: Vinte e cinco passos! No meu pé, no seu, deve dobrar pra cinquenta!

MARIA: E a que distância a Maré está dali, da UFRJ?

JAQUELINE: A que distância a Maré está do Quilombo de Quariterê?

MARIA: A que distância eu, uma mulher preta, retinta, pobre, angolana, estou da universidade?

JAQUELINE: A que distância eu, mulher preta, artista, favelada, estou de Tereza de Benguela?

MARIA: A sua distância é diferente da minha? [*pergunta para uma pessoa branca*]

JAQUELINE: Qual é a distância daqui pra Angola? De mim pra rainha Nzinga? Minha árvore genealógica só vai até a terceira linha. Da minha avó para trás: apagamento. Epistemicídio.

Jaqueline se posiciona na terceira fileira das arquibancadas do teatro e pede que cada pessoa se coloque na fileira que corresponde a última pessoa de que tem conhecimento de sua árvore genealógica.

JAQUELINE: Cada fileira desse teatro corresponde a uma geração da sua família. Quantas fileiras tem a sua história? Em qual fileira você vai se sentar?

MARIA: [*do alto*] Aqui em cima! Minha mãe é Albertina Nsuela. Ela que me deu o nome de Maria. Mulher que vem em primeiro. Albertina é filha de Helena Mayamba, cozinheira famosa. Helena Mayamba é filha de Juliana Lando, que morreu no pós-parto. Juliana é filha de Mandene Kimbangu, uma curandeira tradicional que não confiava nos remédios dos brancos. Mandene Kimbangu é filha da filha da filha da filha da rainha Nzinga Mbandi. Rainha Nzinga Mbandi! Quinze gerações: esta é a distância entre mim e Nzinga, uma das maiores representantes da resistência africana contra os portugueses! Por isso, minha avó sempre diz pra mim: Maria, não esquece o lingala. Não esquece de onde você veio. Quem você é. [*repete a frase em lingala*]

JAQUELINE: Olha o caô, Maria...

MARIA: Caô? Ué!

JAQUELINE: É, sim, vocês falam em lingala pra gente não saber o que vocês estão falando.

Maria diz alguma coisa em lingala, reclamando.

JAQUELINE: Olha aí, não sei se tá me xingando ou me chamando de linda! As travestis dão o mesmo truque em iorubá: *quenda o edi da mona*!

MARIA: E você não fala tupi-guarani?

JAQUELINE: Apagaram! Não sei nem que língua minha bisavó falava.

MARIA: [*para o público*] Vamos resolver isso agora mesmo! Que grande mulher vocês acham que poderia fazer parte da história da Jaqueline?

JAQUELINE: Escolham alguém bafo, pelo amor!!! Porque de história de dor já tô cheia!

Maria circula pelas arquibancadas oferecendo um microfone aos participantes que queiram se manifestar. Ela pede que eles não apenas sugiram nomes de mulheres negras históricas que poderiam ocupar as linhas apagadas de Jaqueline, mas que também falem um pouco do que sabem delas.

MARIA: Isso aí! Vamos dar uma parente de respeito pra nossa amiga! Mais alguém?

Entra Vanussa, num ponto alto da plateia.

VANU: Rainha de Sabá!

JAQUELINE: Rainha, adoro! Fala do seu currículo, amor!

VANU: [*pose de rainha*] Única mulher referenciada no Antigo Testamento em pé de igualdade com o rei Salomão. Pois muito se ouviu dizer, aliás, do rei Salomão. Mas o que vocês sabem da rainha de Sabá? "Duas mães reivindicam um mesmo filho. Solução: dividam a criança em duas e cada mulher fica com metade. Uma mulher concorda, acha justo. A outra diz que não, prefere ver a criança viva, mesmo sem ela. E assim a verdadeira mãe se revela e a criança é devolvida pra ela." Acha mesmo que foi um homem o juiz desse famoso dilema? Tu acha? Salomão interessado em briga de mãe? No filho dos outros? Mas de que vale minha sabedoria da bíblia patriarcal? Muitas de nós morremos, morrem, morrerão... Por isso minha carne é cara, Jaqueline, é dela a cor de todas que vieram e virão, depois de mim!

JAQUELINE: Gostei! Sabá rainha, Jaque princesinha! Mais alguém tem alguma sugestão?

Geandra, do meio do público.

GEANDRA: Eu colocaria a Tereza de Benguela, que foi separada de sua mãe e vendida como escrava para o Brasil. Aqui, ela se rebelou e fundou, junto com José Piolho, o Quilombo de Quariterê. Quando ele foi morto pelos portugueses, ela assumiu de vez a liderança do quilombo. Quarenta anos de reinado! Até ser capturada pelos portugueses, que exibiram sua cabeça dizendo que a tinham matado. Mas é mentira, na prisão ela se suicidou, preferiu morrer a ser novamente escravizada.

JAQUELINE: Gostei muito, parente de peso! Mas, assim, por que você tá vestida de mulher-maravilha? Não entendi a proposta...

GEANDRA: Meu amor, não entendeu a réfi (referência)? O link com as amazonas... O cinturão de Hipólita... A ilha das amazonas, que ela defendeu da invasão de Hércules, que nem Nzinga em Angola com os portugueses... Olha aí, teatro grego com mitologia, sincretismo, esse mix! Que puxa a mulher-maravilha, que é filha de Hipólita e produto americano da Marvel, reforçando o link com a ideia de mercado capitalista escroto, machista, racista, assassino, que exibe a cabeça decapitada de Tereza, que mata uma deputada, que dispara uma bala atingindo o corpo de uma menina. Em comum: pretas. Vindas da pobreza, mas tudo está na natureza. Eles pensam que a maré vai, mas nunca volta. Hoje eu sou onda solta e tão forte quanto eles me imaginam fraca. Quando eles virem invertida a correnteza, quero ver se eles resistem à surpresa e quero saber como eles reagem à ressaca! Joana! Gota d'água!

JAQUELINE: [*em tom de slam*] Mulher-maravilha, rainha de Sabá, agora Joana! Para! Preciso de uma parente real! Chega de ficção, escrita pela mão branca de um cidadão. [*continua*] Cabô! Quero não. A história agora é minha, eu sou protagonista, favelada, gorda, sapatão. Vai querer ganhar dinheiro com a minha história sem me dar um tostão? Tenho cara de otária? Tô cansada de demagogos, fetichistas da miséria, em busca da catarse, pra chorar e se aliviar, não pensar, me vender, comprar, pra postar, compartilhar, esmola digital, cartaz social, enfia no cu, não sou feita de bambu, não me dobro, se me vergo, quebro! Dá um google no meu nome, respeita minha história, sem refrão, mas com um longo hiato, um breu, um apagão! Quero fino trato, à vista, sem prestação. Não sou sua nega, me fudendo de busão, pra lavar casa de patrão, achando que é meu dono, sinhozinho, detentor do meu caminho. Sou rainha, operária, artista. Sou um enxame, uma nuvem preta pesada, trovejando, que vai desabar, com minhas manas, numa enchente sem volta! Que parente, aqui e agora, se apresenta pra reescrever a minha história?

Surge Ruth, cantando a capella, "Eu sou Nzinga Mbandi", versão em francês. Texto traduzido em várias línguas e com diferentes sotaques: Geandra fala em português, Maria em lingala e Vanu em português com sotaque angolano.

RUTH: [*em francês*] A revolução virá pela vida e não pela morte. Meu corpo não é maldição, meu corpo é potência! Eu sou Nzinga, a rainha, te convoco para minha dinastia. Machado na mão. África que sangra. É negra minha derme, meu coração.

Entra em cena um coro de homens.

CORO DE HOMENS: [*em off*] OH, MULHER PRETA ABUSADA! COMO OUSA DESAFIAR O OLIMPO?
TIRO A COROA DA SUA CABEÇA, ARRANCO O SEU CINTURÃO
ESSE É O MEU ESTADO, MINHA ORDEM, MINHA COLONIZAÇÃO
SAIA DAQUI AGORA, OBEDEÇA OU TE QUEBRO A CARA!

JAQUELINE: [*faz cara de santa*] "Ai de mim! Fui feita pro amor e não pra guerra! Tenha piedade desta pobre mulher indefesa que vos fala..." [*ri alto, debochando*]

CORO DE HOMENS: CALA-TE ANTES QUE CRESÇA MINHA CÓLERA!

JAQUELINE: [*posição de ataque*] Cala a boca já morreu! Quem manda na minha boceta sou eu!

GEANDRA: Sou Filha dos Caetés, dos Malês, de Iansã, Dandara!

MARIA: Insubmissa!

VANU: Expressão violenta dos afetos viscerais!

JAQUELINE: Devoro sua carne, boto abaixo sua vara!

RUTH: Vem tirar meu cinturão, minha coroa, estraça-lho sua cara!

CORO DE HOMENS: JULGAS SER CAPAZ DE VIOLENTAR OS DETENTORES DO PODER?

AQUELE QUE DENTRE OS HOMENS FOI ESCOLHIDO PRA GOVERNAR DEVE SER OBEDECIDO!

SUA TERRA AGORA A MIM PERTENCE

CABE A TI A SUBMISSÃO

ESSA É A SALVAÇÃO DA MAIORIA BEM MANDADA!

GEANDRA: Medo e ódio? Esse é seu método de conquista? Não rola nem uma cervejinha, um bombom, um cineminha? Bicha: melhore!

VANU: Eu não votei nele, alguém aqui votou?

JAQUELINE: Hashtag "Não me representa"!

Mulheres e homens duelam ao som marcial de matracas distribuídas para toda a plateia, envolvida, assim, no certame.

> *INSTRUÇÃO 11 PARA A EREZADA:*
> *Da plateia, tocar as matracas em ritmo acelerado até a vitória, estimulando o público-participante a fazer o mesmo.*

CORO DE HOMENS: INSOLENTE! NÃO MANDAS EM PORRA NENHUMA! OH, MULHER PRETA ABUSADA, OBEDEÇA À BOA ORDEM!

GEANDRA: Boa pra quem? Pra quem quer o direito de viver ou pra quem quer o direito de matar?

CORO DE HOMENS: SABES BEM DO QUE ESTOU A FALAR! NÃO CONFUNDA AS COISAS!

GEANDRA: Eu, hein! Confuso aqui é tu! Confunde nazismo com comunismo, golpe militar com revolução, guarda-chuva com metralhadora, só não confunde uma família preta com uma família branca!

CORO DE HOMENS: TENS A OPÇÃO DE ENTREGAR SUA TERRA E PARTIR OU FICAR E PAGAR POR ELA COM SEU SANGUE!

GEANDRA: Deixa eu pensar... Tem a opção também de saírem de fininho, antes que eu espete uma estaca no seu rabo!

CORO DE HOMENS: [*berram agressivos*]
QUEM TU PENSAS QUE É?
QUEM TU PENSAS QUE É?
QUEM TU PENSAS QUE É?

JAQUELINE: [*espetacular, grandiosa diante deles*] RAINHA DE SABÁ. TEREZA DE BENGUELA. ANGELA DAVIS.

TIA CIATA. ROSA PARKS. ARGELIA LAYA. MARTINA CARRILO. CAROLINA MARIA DE JESUS. ANTONIETA DE BARROS. LÉLIA GONZALEZ. DANDARA DOS PALMARES. SUELI CARNEIRO. MAE JEMISON. NINA SIMONE. JOVELINA PÉROLA NEGRA. RUTH DE SOUZA. VIOLA DAVIS. TONI MORRISON. MIRIAM MAKEBA. WANGARI MAATHAI. AQUALTUNE. MARIA FIRMINA DOS REIS. MÃE MENININHA DO GANTOIS. MARIELLE FRANCO. LAUDELINA DE CAMPOS MELO. ALICE WALKER. SHONDA RHIMES. LUCIANA LEALDINA. LECI BRANDÃO. ANASTÁCIA.

Vitoriosas, as mulheres cravam sua bandeira no alto do teatro: PRESENTE!

RUTH: Rainha Jaqueline, essa mata é seu reinado, a favela, o seu legado.

JAQUELINE: Gente, tô me sentindo o rei leão!

RUTH: Rainha leoa! O que deseja majestade?

JAQUELINE: Tanta coisa... daria mais duas horas de peça, 15 gerações de histórias... Mas aqui agora eu quero ver o sol indo embora e a noite preta nascer, com a lua prateada a nos benzer!

As duas conduzem o público rumo ao pôr do sol no alto do parque, formando um cortejo embalado pela guitarra de Zola.

CENA 10: ARPOADOR

De frente para o pôr do sol.

> *INSTRUÇÃO 12 PARA A EREZADA:*
> *Repetir com Priscilla a afirmação final:*
> *HOJE NÃO SAIO DAQUI.*

PRISCILLA: Aqui, tudo era só mato. Não tinha luz, não tinha gente. Eu gosto daqui... Porque aqui eu tenho sorte. Tantas foram as tentativas de me tirar, remover, matar. Mas nem adianta insistir, me invadir, iludir, porque hoje, HOJE NÃO SAIO DAQUI!

RUTH: [*canta*]
Rudi kwa baba wewe mupotevu
A mini lewo upate usima aaa
Tazama yawe a lie musalaba aa
Kwa djili yako ali mwanga ndamuuu

[*Refrão – todos juntos*]

Akuna djina mbingu na ndonia
Ina ioletaaa okovu kukowatuuu
Djina ya yawe ni okovuuu
Lili lobora kuakwenda kwa baba[10]

---

[10] Música de autoria da atriz, cantora e compositora Ruth Mariana. Tradução: Volta ao pai, filho perdido/ Acredita, hoje receberás a salvação/ Jesus morreu na cruz/ Por você, derramaram seu sangue/ Não há outro nome no céu nem na terra/ De onde virá a salvação/ Apenas o nome de Jesus/ O filho do pai.

HOJE NÃO SAIO DAQUI foi publicado com apoio da FAPERJ por meio da pesquisa de pós-doutorado intitulada "Cia Marginal entre o comunitário e o contemporâneo – Percurso e linguagem de um grupo de teatro da periferia do Rio de Janeiro", realizada por Isabel Penoni, entre agosto de 2017 e agosto de 2019, no PPGAC – Programa de Pós-Graduação em Artes Cênicas da UNIRIO.

© Editora de Livros Cobogó, 2020

Editora-chefe
Isabel Diegues

Editora
Valeska de Aguirre

Gerente de produção
Melina Bial

Revisão final
Eduardo Carneiro

Projeto gráfico de miolo e diagramação
Mari Taboada

Capa e desenho do mapa
Felipe Nunes

CIP-BRASIL. CATALOGAÇÃO-NA-FONTE
SINDICATO NACIONAL DOS EDITORES DE LIVROS, RJ

	Cia Marginal
C49h	Hoje não saio daqui / Cia Marginal, Jô Bilac.- 1. ed.- Rio de Janeiro: Cobogó, 2020.

64 p. (Dramaturgia)

ISBN 978-85-5591-106-4

1. Teatro brasileiro. I. Bilac, Jô. II. Título. III. Série.

20-63538	CDD: 869.2
	CDU: 82-2(81)

Meri Gleice Rodrigues de Souza- Bibliotecária CRB-7/6439

Nesta edição, foi respeitado o Acordo Ortográfico da Língua Portuguesa de 1990, que entrou em vigor no Brasil em 2009.

Todos os direitos em língua portuguesa reservados à
Editora de Livros Cobogó Ltda.
Rua Jardim Botânico, 635/406
Rio de Janeiro – RJ – 22470-050
www.cobogo.com.br

COLEÇÃO DRAMATURGIA

ALGUÉM ACABA DE MORRER LÁ FORA, de Jô Bilac

NINGUÉM FALOU QUE SERIA FÁCIL, de Felipe Rocha

TRABALHOS DE AMORES QUASE PERDIDOS, de Pedro Brício

NEM UM DIA SE PASSA SEM NOTÍCIAS SUAS, de Daniela Pereira de Carvalho

OS ESTONIANOS, de Julia Spadaccini

PONTO DE FUGA, de Rodrigo Nogueira

POR ELISE, de Grace Passô

MARCHA PARA ZENTURO, de Grace Passô

AMORES SURDOS, de Grace Passô

CONGRESSO INTERNACIONAL DO MEDO, de Grace Passô

IN ON IT | A PRIMEIRA VISTA, de Daniel MacIvor

INCÊNDIOS, de Wajdi Mouawad

CINE MONSTRO, de Daniel MacIvor

CONSELHO DE CLASSE, de Jô Bilac

CARA DE CAVALO, de Pedro Kosovski

GARRAS CURVAS E UM CANTO SEDUTOR, de Daniele Avila Small

OS MAMUTES, de Jô Bilac

INFÂNCIA, TIROS E PLUMAS, de Jô Bilac

NEM MESMO TODO O OCEANO, adaptação de Inez Viana do romance de Alcione Araújo

NÔMADES, de Marcio Abreu e Patrick Pessoa

CARANGUEJO OVERDRIVE, de Pedro Kosovski

BR-TRANS, de Silvero Pereira

KRUM, de Hanoch Levin

MARÉ/PROJETO bRASIL, de Marcio Abreu

AS PALAVRAS E AS COISAS, de Pedro Brício

MATA TEU PAI, de Grace Passô

ĀRRĀ, de Vinicius Calderoni

JANIS, de Diogo Liberano

NÃO NEM NADA, de Vinicius Calderoni

CHORUME, de Vinicius Calderoni

GUANABARA CANIBAL, de Pedro Kosovski

TOM NA FAZENDA, de Michel Marc Bouchard

OS ARQUEÓLOGOS, de Vinicius Calderoni

ESCUTA!, de Francisco Ohana

ROSE, de Cecilia Ripoll

O ENIGMA DO BOM DIA, de Olga Almeida

A ÚLTIMA PEÇA, de Inez Viana

BURAQUINHOS OU O VENTO É INIMIGO DO PICUMÃ, de Jhonny Salaberg

PASSARINHO, de Ana Kutner

INSETOS, de Jô Bilac

A TROPA, de Gustavo Pinheiro

A GARAGEM, de Felipe Haiut

SILÊNCIO.DOC, de Marcelo Varzea

PRETO, de Grace Passô, Marcio Abreu e Nadja Naira

MARTA, ROSA E JOÃO, de Malu Galli

MATO CHEIO, de Carcaça de Poéticas Negras

YELLOW BASTARD, de Diogo Liberano

SINFONIA SONHO, de Diogo Liberano

SÓ PERCEBO QUE ESTOU CORRENDO QUANDO VEJO QUE ESTOU CAINDO, de Lane Lopes

SAIA, de Marcéli Torquato

DESCULPE O TRANSTORNO, de Jonatan Magella

TUKANKÁTON + O TERCEIRO SINAL, de Otávio Frias Filho

SUELEN NARA IAN, de Luisa Arraes

SÍSIFO, de Gregorio Duvivier e Vinicius Calderoni

A MULHER ARRASTADA, de Diones Camargo

Outros títulos desta coleção:

COLEÇÃO DRAMATURGIA FRANCESA

É A VIDA, de Mohamed El Khatib | Tradução Gabriel F.

FIZ BEM?, de Pauline Sales | Tradução Pedro Kosovski

ONDE E QUANDO NÓS MORREMOS, de Riad Gahmi | Tradução Grupo Carmin

PULVERIZADOS, de Alexandra Badea | Tradução Marcio Abreu

EU CARREGUEI MEU PAI SOBRE MEUS OMBROS, de Fabrice Melquiot | Tradução Alexandre Dal Farra

HOMENS QUE CAEM, de Marion Aubert | Tradução Renato Forin Jr.

PUNHOS, de Pauline Peyrade | Tradução Grace Passô

QUEIMADURAS, de Hubert Colas | Tradução Jezebel De Carli

COLEÇÃO DRAMATURGIA ESPANHOLA

A PAZ PERPÉTUA, de Juan Mayorga | Tradução Aderbal Freire-Filho

ATRA BÍLIS, de Laila Ripoll | Tradução Hugo Rodas

CACHORRO MORTO NA LAVANDERIA: OS FORTES, de Angélica Liddell | Tradução Beatriz Sayad

CLIFF (PRECIPÍCIO), de José Alberto Conejero | Tradução Fernando Yamamoto

DENTRO DA TERRA, de Paco Bezerra | Tradução Roberto Alvim

MÜNCHAUSEN, de Lucía Vilanova | Tradução Pedro Brício

NN12, de Gracia Morales | Tradução Gilberto Gawronski

O PRINCÍPIO DE ARQUIMEDES, de Josep Maria Miró i Coromina
Tradução Luís Artur Nunes

OS CORPOS PERDIDOS, de José Manuel Mora | Tradução Cibele Forjaz

APRÈS MOI, LE DÉLUGE (DEPOIS DE MIM, O DILÚVIO), de Lluïsa Cunillé | Tradução Marcio Meirelles

2020

———————

1ª impressão

Este livro foi composto em Univers.
Impresso na Edições Loyola
sobre papel Pólen Bold LD 70g/m².